너의 목소리를 듣는다

최경순 시집

문학의전당 시인선
392

너의 목소리를 듣는다

최경순 시집

문학의전당

시인의 말

새벽은
오로시 나의 몫
가장 정결한 마음으로
시를 받들었다.
동행하며
삶의 버팀목이 되어준 시
시를 사랑하지 않을 수 없어
시를 썼다.

어디에서나
빛은 기다리고 있었다.

2025년 8월
최경순

차례　　　　　　　　시인의 말

제1부

목련의 꿈　13
폭설　14
몽돌의 시간　16
프로필　18
동창(東窓)　20
연꽃　21
달그락장　22
마음의 거미줄을 걷어내다　24
뒷문의 진실　26
다시, 꽃　28
진달래 사랑　29
죽령고개를 넘으며　30
궁남지에서　32
본색　34

제2부

오늘도 자~이다 37
입춘에 들다 38
마음이 열리는 풍경 40
홍화가 필 무렵 41
사랑이라는 이름으로 42
향낭 44
봉숭아 꽃물이 드는 저녁 45
Earth Hour 46
부석사 가는 길 48
공세리 성당에서 49
안개 속을 걷다 50
옛길 52
원평나루 53
환승 54

제3부

마음먹기 57
새벽을 여는 사람들 58
가던 길 돌아서고 싶을 때 60
춘삼월의 눈 62
호접란 63
낙과와 추락 64
유월의 장미 66
빈센트 반 커피 68
나와 화해하다 70
감기 71
마음의 지우개 72
하지 못한 말 74
너의 목소리를 듣는다 76
꽃다발 78

제4부

기도　81
얘들아!　82
나의 씨앗을 심다　84
소풍정원　85
대서　86
새들은 돌아오지 않았다　88
휴일　89
소리를 보다　90
터미널에서　92
칡꽃　93
형형하다　94
첫눈 오는 날　95
대청호 우체통　97
영월　98
매화　100

해설 │ 새로운 일상의 풍경으로 환승하기까지　101
　　　장예원(문학평론가)

제1부

목련의 꿈

순백의 낯을 기다리며
하늘 향해 두 손 모은 기도가 서늘하다
나, 한 번만이라도
이처럼 비장한 독대를 시도해 본 적이 있었던가
비장한 목련의 인내가 내게도 있었던가
티끌 하나 없는 새하얀 꿈을 피워 올리기 위해
긴 겨울 동안 어떤 기도를 올렸던가

꽃망울 톡톡 터뜨리기 위해서라면
모진 칼바람 정도야 견뎌내야지

두툼한 겨울옷을 입은 사람들
여전히 어깨 펴지 못하고 길을 간다
꽃봉오리 꽁꽁 싸매고 있는 목련나무 아래로
푸드덕 새 한 마리 날아든다
곧 새가 되어 날아오를 꽃망울들
움찔움찔 날갯짓하며 꿈을 펼쳐 보일 것이다
나의 꿈을 펼쳐 보일 것이다

폭설

폭설이 왔다
밤을 타고 왔다
땅과 하늘의 경계가 무너지고
들판과 강의 경계가 사라졌다
눈 덮인 두물머리의 첫새벽
첫 발자국을 남기며 날아가던 새의 행로가 파묻힌다

폭설의 문 앞에서 점점 작아지는 나를 발견한다
킬리만자로의 표범을 닮고 싶은 것도 아닌데
선뜻 문을 열지 못하는 두려움 같은 것이
두 발을 서성거리게 한다
문고리를 잡아당기면 하얀 도화지가 펼쳐져 있는데
발자국을 찍기만 하면 되는데
설산의 등정은 아득하기만 하다
그 꼭대기에 올라가 있는 나의 꿈들
그곳을 향해 올라갈수록
한 발자국씩 물러설지도 모를 걸음을 재촉한다

오르고 싶다
용기가 필요하다
첫, 이라는 두려움의 감정을 다독거리며
폭설의 문을 연다

몽돌의 시간

백사장에서 쌀 속의 뉘처럼
눈에 들어온 몽돌 하나
화분에 고이 올려두고 보는데
그날의 바람이 하얀 파도를 밀고 당긴다
너울너울 물결을 끌고 가던 갈매기가
부리에 문 소라를 놓치고
주춤거리던 몸짓까지 연출한다
여명을 뚫고 찬란히 떠오르는 일출을 보며
한 해의 소원을 빌던 순간의 재발견이다
전신이 반질반질한 저 몽돌
몽돌이 몽돌다워지기까지 소비한 시간은 얼마나 될까
제 몸을 깎고 다듬을 때마다 흔들렸을
몽돌의 무늬에 의문의 시간을 묻는다
압축된 시간을 마주하는 지금
새들은 들뜬 목소리로 봄을 쪼아대고
고고한 자태를 뽐내던 난 화분에서
꽃잎 하나 살며시 내려앉는다
외로웠던 것일까

돌부처 같은 돌의 얼굴에 엷은 미소가 번진다
언젠가 썰물과 밀물의 교차로를 찾아갈 즈음이면
몽돌과 함께 가서 혼자만 돌아와야겠다

프로필

북 콘서트 행사장
화려한 프로필을 두른 거목들이 등장한다
허리를 굽히고 조아리는 말들의 잔치
가방끈을 늘리며 빼곡히 적힌 신상 증명서
전국의 대학들이 소집되고 뭇 박사들이 속속 모여든다
행사장의 본질이 잠시 흐려지고
순서를 챙기는 진행자가 어질병에 휘청거린다
장황한 프로필에 가려진 그들의 민낯은
어떤 표정과 향기를 가리고 있을까
그 틈바구니에서
문학상이라는 프로필 한 줄을 보태며 생각한다
단 한 줄의 프로필로 나를 증명해야 한다면
과연 무엇을 써야 할까
매 순간 행복의 밑줄을 그리며
북적북적 눈코 뜰 새 없이 가장 치열하게 살았던 시간
환한 웃음을 폭죽처럼 쏘아대며 아이들이 부르던
그 이름 엄마!
"나는 세 아이의 엄마입니다."

서로를 받쳐주며 빛을 찾던 소중한 삶의 날들을
꽃이라 별이라 읊조리며
어질어질한 행사장을 빠져나온다

동창(東窓)

화분들을 창가로 옮겨놓는다
일찌감치 찾아온 아침햇살에
대궁을 밀어 올리던 봉오리들의 미세한 떨림이
분홍 꽃잎의 부드러운 몸짓으로 전해진다
새 한 마리 눈을 맞추고
안을 들여다보며 한참을 머뭇거린다
꽃과 새, 사람의 시선이 찰나로 마주치는
빛나는 순간이다
꽃 속에 새가 살고 내가 사는 내 집의
아침 일이다
밝은 아침을 축복으로 받아들인다
순간의 작은 만남에 시가 피는 순간이다
꽃이 타오르고 시가 자라나는 창가를 서성이며
아무도 눈여겨보지 않는 사소한 것들을
마음의 갈피에 끼워넣는다
동창의 기운이 가슴으로 전해진다

연꽃

돌확 속에
연꽃 한 송이 박혀 있다
어느 석공의 해탈이
저처럼 으아한 꽃을 꺼냈을까
올려다보는 그것을
한참이나 들여다보다가
하필이면 돌절구에,
깊이 생각해 볼 겨를도 없이
차가운 빗방울이 후둑후둑 떨어진다
얼음 같은 시간이 밀려가고
드디어 연(蓮)의 시간
칙칙한 먼지가 걷히고 돌확에 흠뻑
피어나는 염화미소
그 연의 미소에 한동안 마음을 빼앗긴다
돌보다 암담했던 지난날들 속에서
나의 미소를 찾기 위해 애쓰던
내 생의 물방울도 있었다

달그락장

처음으로 내 집 마련하던 날
마음먹고 장만한 달그락장
장인의 손길로 조각된 소나무에서
백로는 한가로이 노닐었다
안방 윗목에 눌러앉아
집안 대소사를 지켜보며
여닫을 때마다 달그락달그락
맞장구를 치며 박자를 놓친 적이 없다
은밀하게 보관하던 비밀조차
아는 척 모르는 척 달그락달그락
이제는 헐거워진 관절 소리가 달그락거린다
소임 다한 결말이 보인다
버거웠던 생을 분해하는데
홈으로 이어져 못 자국 하나 없는 장롱
형체마저 납작해져
백로는 어디로 갔는지 보이지도 않는다
세월 밖으로 밀려나는 것들은 다 저런 모양일까
분리수거장으로 옮겨진 나무 판때기들

바람이 지나갈 때다다 달그락달그락
아직은 살아 있다는 신호를 보내온다

마음의 거미줄을 걷어내다

함박웃음이다
어떤 날은 호탕했지만
어떤 날은 서럽고 아린 바람같이
가슴이 흔들리기도 한다
동화 속에서나 있을 법한 이야기들
달콤하고 순수할 때도 있다
채 가시지 않은 어제의 그림자와 남은 말들
그 목소리들을 생각하면
저절로 고개가 흔들리고 발목 잡힌 기분에
더 우울할 때도 있다
이럴 때 나는
하루를 마무리하며 산책을 나선다
오늘과 내일의 하늘을 비교해 보지만
기대치는 점점 아득하고
혼란의 이유를 헤아리지 못한다
낯선 혼란이 노을빛 능소화의 그리움일지라도
찬란한 내일의 약속일지라도
미련 없이 버려야 할 것부터 내려놓는다

그리고 황사와 마음의 찌꺼기가 뒤숭인
마음의 거미줄부터 걷어낸다
거미줄에 걸린 나의 맹목도 걷어내고
끈적끈적한 잡념들을 지우며
내일이 더 찬란하기를 염원한다

뒷문의 진실

핸드폰만 들여다보다가
뒷문으로 슬그머니 빠져나가는 뒤통수가 불길하다
예감은 적중하고
왜라는 질문의 꼬리를 잡고 늘어지려다
그냥 둔다
"애쓸 필요 없다."
마음 다그치는 소리가 짧고 간결하다

진실은 언젠가 밝혀지는 법
그 기다림의 시간을 그냥 두고 보기로 한다
정오의 휴식을 삼켜버린 포식자를 피해 나오는데
때마침 걸려온 전화기의 목소리는
가을 하늘처럼 높고 청명하다
스며드는 것이 사람의 마음
애써 괜찮은 척 목소리를 조정한다

가파른 하루를 말아 올린 밤하늘엔
별이 총총 빛나고

─샛문으로 다니지 말거라
─뒷문으로 다니지 말거라 하시던
어릴 적 엄마의 말씀이 또렷하게 들려온다

다시, 꽃

접어두었던 시간을 펼쳐본다
공터를 구르던 마른 낙엽 같은 방황들
탱자나무 가시에 찔린 것처럼 쓰리고 아린 기억들
모서리 하나 닳지 않은 채 그대로다
밤이 통째로 흔들리고 생의 뿌리가 휘청거린 날들
차마 아득하여라
그런 속에서도 방황을 잠재우고 시는 돋아나서
탱자나무 울타리까지 허물어 주었으므로
내가 나로서 존재하는
그 무엇에 홀려 살아지는 현실이 대견하다
차마 고마워라
신은 언제나 막다른 골목 그 어디엔가
비상구 하나를 마련해 둔다는 것을 이제는 안다
겨울나무 굼틀대는 소리가 들린다
머지않아 꽃을 피울 기세다
계절이 바뀔 때마다 찾아드는 불안의 요소를 지우며
내 생의 꽃을 다시 피워보기로 한다
꽃, 꽃이고 싶다

진달래 사랑

벼랑은 그녀를 포기하지 않았다
넘실거리는 아득한 물결
천 길 낭떠러지를 내려다보면서
벼랑의 각오는 더욱 단단하게 굳어갔다
움켜쥐고 받쳐주면서
꽃으로 피워내는 분홍빛 연정
사랑이란 저처럼 포기하지 않는 맹목이다

만개한 진달래가 절벽을 절벽답게 세워놓았다
골짝은 깊어 폭포 소리 더욱 우렁차고
올려다보는 눈동자들
그들의 봄은 어떤 꽃을 어떻게 피우고 있는 것일까

벼랑 끝에 다다른 붉은 봄이
여린 앳몸으로 자근자근 꽃잎을 씹으며
하늘길을 오른다
뒤를 이은 연둣빛 이파리들이
벼랑을 단단히 움켜쥐고 내일을 기약하는 중이다

죽령고개를 넘으며

단풍이 절정으로 치닫는 죽령고개
나무마다 시가 펄럭이고 있다
옛시조를 읊으며 굽이굽이 고개를 넘는다
다가오는 바람이 차다
옛날은 스쳐 지나가는 것이 아니라
연어처럼 다시 돌아오는 것일까
낙엽처럼 가버린 사랑 또한 그런 것일지도 모른다
서늘한 바람과 실낱같은 햇살에도
곁을 내어주는 시간
허공을 밟고 내려오는 나뭇잎들의 행렬을 보며
생각의 꼬리가 꼬리를 물고 늘어진다
오늘이 삶의 절정이라면
다시 돌아오는 것이 추억이라면
가을, 저 붉디붉은 내력을 다시 열어볼 수 있을까
침침한 마음 한 자락 내려놓으면
저만큼 가벼워지는 것일까
당당한 자세로 겨울을 받드는 나무에 공감한다
또렷한 소리 하나가 귀에 들어오고

나무처럼 살고 싶다는 마음의 소리로 화답한다
숨 가쁘게 넘는 나의 오십 고개가
죽령고개 보다 가팔라지는 것을 어쩌지 못한다

궁남지에서

한바탕 연꽃축제를 치른 호숫가
더디 핀 꽃들이
부드러운 바람의 옷자락을 거머쥐고 있다
늦은 개화(開花) 앞에 걸음을 멈춘다
여민 듯 열려 있는 꽃잎 속에
못 잊을 얼굴 하나 어른거린다
연잎 위로 굴러다니는 물방울 몇
누군가 떨구고 간 눈물 같다는 생각이 드는 것은
한바탕 울고 싶은 마음 때문일 게다
가던 길 멈춰 설 때는
가야 할 길들이 벌떡 일어나 정신을 깨워주곤 했다
축제 끝난 물가를 기웃거리며
뒤늦게 저 홀로 청초한 연꽃 송이를 마주하니
어떤 각오 같은 것이 벌떡 일어난다
마음을 가다듬으며
연잎이 물방울을 굴리듯 생각을 굴려본다
생각을 굴린다는 것은 의욕이 살아 있다는 말
궁남지 축제는 놓쳤으나

향기를 물고 올라오는 연꽃 같은 삶
연밥 같은 지혜를 듬뿍 얻어간다

본색

가을 햇살이 꽃밭 먼저 찾는다
일찍 핀 국화와의 거래가 계속되고 있음이다
햇살과 꽃의 관계나 더듬어 보는 날
특별한 일도 일어나지 않을 것 같은 예감이
무너진 것은 금방이었다
여기저기 들려오는 매운 말들
같은 말 다른 색깔 다른 맛 낯선 모양새다
몇 번을 반추해도 소화불량에 걸릴 것 같다
듣는 일만으로도 힘에 겨워
일찍 핀 국화 곁에 다가서니
저도 외로웠던지 향기 한 줌을 나누어 준다
반쪽의 지친 가슴을 내어주고
향기 어린 반쪽의 가슴을 담아온다
식물이나 사람이나 변함없이 본색을 지녀야 하지만
그것을 지키기는 참으로 어려운 일
꽃잎 위의 햇살이 더 환히 빛나는 것을 보며
자칫 구부러지기 쉬운 마음의 행로에
곧은 심지를 세워 넣는다

제2부

오늘도 지각이다

양지바른 콘크리트 감장을 뚫고
말 좀 하고 살자는 듯
제비 주둥이 내밀듯 꽃술을 내민다
아무도 거들떠보지 않는 봄의 아랫동네에서
소리 없는 함성을 지르는 것이다
내 귀에만 들려오는 하소연 같아서
쪼그리고 앉아 눈을 맞춘다
볼수록 초롱초롱한 눈매 보랏빛 향기에
바쁜 일정도 잊고 잠시 시간을 준다
오호라, 담벼락과 흙바닥 사이에 끼여
많이 아프고 외로웠구나
두꺼운 콘크리트 담벼락을 뚫고 기어이
봄을 보고야 마는 저 고운 고집을 나는 안다
나에게도 저런 고집 있었지
잠깐 들여다보는 세계
이심전심을 나눌 시간도 없이 냅다 뛴다
오늘도 지각이다

입춘에 들다

눈부시게 솟는 아침 해를 향하여
힘차게 날아오르는 새들
4차선 도로도 얼어붙은 강도 모르는
거침없는 횡단을 한다
어디에선가 시작된 봄의 기척을
감지한 것이 분명하다
그림 같은 나무들이 햇살에 몸을 털고
나는 나무의 바깥에 서 있다
겨울을 견뎌낸 꽃눈의 처음 색깔이
파랑에서 시작되는 발견에 감동한다
미처 잎눈을 열지 못한 가로수들도
더듬거리며 입춘 안에 든다
나의 생에도 계절의 입춘과
삶의 입춘이 번갈아 들곤 했다
가슴에 심은 세 그루의 나무를 건사하며
엄동과 입춘을 오가며
심지(心志)를 지켜내던 날들이 많았다
길고 긴 겨울을 짧은 듯이 넘겨야 했다

온몸에 햇살을 두르고
우뚝 선 나의 나무들을 보며
이제는 나의 입춘어 든다

마음이 열리는 풍경

봄비는 백화점에서
한산한 모서리를 차지한 옛것들의 전시회
시간의 경계를 허물고
묵은 운치를 고스란히 담아내는 낯익은 찬장 하나
엄마의 그것과 똑같다
찬장 위 대바구니에는 잘 익은 홍시 몇 알
찬장 안에는 정갈한 밥사발과 대접 등이
반들반들한 엄마의 살림 솜씨를 자랑하고 있다
가마솥에 밥물이 넘치면 달그락거리는 찬장에서
두레밥상으로 올라오던 엄마의 접시들이 있다
밥 먹으라는 엄마의 목소리가 정지문을 넘어온다
소쿠리에 담긴 한 줌의 대추가 이루는 구성을 보며
문득 아득한 저쪽에서 들려오는 지나간 시간의 소리들
발길을 멈추고 한참을 들여보며
해묵은 것들의 운치에 넋을 빼앗긴다
현실의 한 모퉁이에서
그림처럼 펼쳐지는 파노라마에 마음을 얹어보는데
봄이 코앞까지 다가와 알은척을 한다

홍화가 필 무렵

침침하던 언덕이 밝아진다
주홍빛 꽃등들이 일제히 심지를 돋우고
하늘을 우러르고 있다
첫 대면의 감동을 다스리지 못하고 손을 내밀다가
그만 가시에 찔리고 만다
가시 속 겹겹이 들어앉은 꽃잎들을 지키기 위함인지
그 날카로움이 예사롭지 않다
빛나는 꽃의 시절을 보내고
긴 침묵의 시간 속 수행의 길로 들어서는 것들
여름을 익혀 검은 씨앗으로 영글어 갈 것이다
익어간다는 것은 긴 터널을 지나
영광스럽던 꽃의 시절을 잊어야 하는 일이다
마른 홍화 몇 송이를 꺼내 꽃차를 만든다
뜨거운 찻잔 속에서 몸을 풀고
다시 꽃으로 재생되는 홍화
그녀가 붉어지자 나도 덩달아 붉어진다
불같이 타오르다 무연히 식어버린 나의 열정이
붉은 꽃으로 되살아나고 있다

사랑이라는 이름으로

겨울에 들어서는 나무들
한 잎 한 잎 이파리 내려놓는 고요 속
허공 향한 아우성은 메아리도 없다
후두둑 떨어지는 메마른 맹목들
저리 허망하게 떨어질 줄 뉘 알았으랴
제 빛깔 제 향기 더욱 뜨겁게 피워낼 수 있도록
조금 더 사랑하고 조금 더 뜨겁게 안아줬던들
이리 허망하지는 않을 거다

무연히 하늘만 올려다보는 사람들의 빈 가슴을
무엇으로라도 채워주고 싶다

계절은 다시 돌아오겠지만
부드럽고 따스한 그 숨결 그 온기
달콤한 그 목소리 다시 들을 수 없는데
나목(裸木) 또는 사목(死木)으로 이름 바꾸기도 하는데
하늘은 아무 일 없었다는 듯
유리알처럼 맑고 푸르기만 하다

구름도 나대기가 어려운지 하늘 모서리로 숨어들고
전등사의 가을은 저 홀로 깊어간다
쓸쓸한 절 마당을 거닐며
사랑이라는 이름으로 이 모두를 끌어안는다
사랑의 마음으로 한 해를 환송한다

향낭

윗도리 호주머니에 넣어둔 라벤더
움직일 때마다 들숨과 날숨의 호흡을 자극하며
향기의 원소들이 가만가만 다가온다
코끝을 찌르고 마음을 간질이며
어느 향긋한 평화의 골짜기로 나를 인도한다
한때 잘못 들어선 길의 모퉁이에서
꽃잎 비빔밥으로 심신의 허기를 달랜 적이 있었지
꽃들의 생애란 향기의 절정으로
그 존재를 드러내는 고귀한 족속이어서
향기 한 오라기까지 비벼 먹으며 빈 마음을 채웠으니
그때는 나도 잠시 꽃의 부족이 되어
나의 내부까지 향기로 가득 채울 수 있었다
호주머니 속의 라벤더,
들숨과 날숨의 호흡을 맞추며 함께 길을 걸으니
역시 향기의 귀족이었네
뭇사람의 관심과 선택을 이제야 알겠네
아무리 들이마셔도 줄지 않는 향낭 하나 지니고
오늘도 호젓한 산책을 즐긴다

봉숭아 꽃물이 드는 저녁

꽃잎을 짓이겨 손톱 위에 올린다
열 손가락에 올라앉은 봉숭아꽃들
추억까지 물들겠다

다랑논에 드러눕던 노을이
바람결에 흩어지던 붉은 꽃잎 같던
그해 여름
봉숭아는 붉게 피어 초경의 부끄러움을
사랑으로 덮어주었다
열 손가락에 색을 내는 저녁
봉숭아 꽃물보다 진하게 살아내던 날들이
노을처럼 밀려온다
도란도란 모여 놀던 성장기의 날들이
꿈의 파노라마로 스쳐 간다

잘 익어가는 씨방 주머니를 보며
우리들의 소녀, 우리 엄마들의 꽃 시절을
생각하는 저녁이 곱다

Earth Hour*

지구를 살려보자
매년 3월, 마지막 토요일 오후 8시 30분*
한 시간 동안의 작은 혁명에 동참한다
모든 스위치를 내리고
마음의 등불을 켠다
사위(四圍)가 밝아지고
깜깜하기만 하던 묵은 사념들이
저마다의 고개를 든다
오래 방치했던 것들의 아우성이 들린다

바다가 뜨거워지고
공기마저 후끈거리고
계절을 망각한 꽃들이 함성을 지르며
순서 없이 피어난다
작은 생명들조차 어리둥절
물고기들의 산란도 천방지축을 달린다
나무들의 게놈지도가 휘어지고 있다
생태계의 반란은

우리들의 미래를 더욱 불투명하게 부추긴다
늦었다고 생각할 때가
가장 적기임을 깨달아야 한다
눈을 감으면 더욱 환하게 보이는
마음의 방에 누워
모든 스위치를 내리고 한 시간만이라도
지구촌을 생각해 보자
아직 희망은 있다

---

*지구의 환경보호를 목적으로 시작한 환경 운동 캠페인. 매년 3월 마지막 토요일 오후 8시 30분~오후 9시 30분까지 최소한의 조명을 남긴 채 전면 소등한다.

부석사 가는 길

천 개의 나이테를 새기며
산사를 지키던 고목 한 그루
한 획으로 드러누워 이생을 벗고 있다
구름은 일상처럼 흘러가고
둥지를 틀고 재롱떨던 새들도 이주를 택한다
살기 위한 냉정한 선택이다
톱날에 잘린 나무의 단면에서
훅, 뿜어지는 깊은 내음
내밀한 전언처럼 가슴으로 전해진다
어떤 생이 저처럼 진한 향기의 언어를 남겼던가
천년의 바람과 천둥 번개의 담금질을 견뎌낸
저 나무를 그냥 나무라고 불러도 될까
의구심 하나가 입가를 맴돌았지만
마땅한 어휘 하나 구하지 못하고
나의 아둔함만 나무란다
부석사에 다다르니 눈에 띄는 기둥, 기둥들
천년의 나무는 어느새 배흘림기둥이 되어
무량수전을 지키고 있다

공세리 성당에서

공세리 성당엔 문지기 고목이 있다
뭇사람들이 두고 간 푸념과 웃음들
뜨거운 기도의 고백들이 버거워질 때쯤
바람결에 조금씩 마른 잎을 털어내고 있다
한 해 한 번씩 떠나가는 분신들은
대지와의 입맞춤을 한다
사람들의 기도와 염원이
가슬가슬한 가을빛으로 빛날 때까지
600번을 채우고 비웠을 고목
신의 대열에 들었는지 하늘도 무관하다
발길 따라 찾아온 성당
마음 가는 곳마다 정신을 쓰면 단풍처럼 물들고
익어갈 것이라는 생각에 나의 기도를 올린다
나뭇가지가 드러나는 빈 둥지를 보며
새들의 행방이 궁금해진다
아이들이 자라면 언젠가는 비워질
나의 둥지 같아서 마음이 운다
저녁노을이 등을 쓰다듬어준다

안개 속을 걷다

안개가 아침을 가두고 있다
출근길도 갇힌다
조심조심 골목을 더듬는데
쭈뼛쭈뼛 머리칼이 곤두선다
신경이 곤두서니 목덜미가 다 뻣뻣하다
누군가 끌어당기는 것 같다
먼 자동차의 불빛을 발견하곤 천천히 따라 걷는다
길은 보이지 않고 어떻게 해서든지
이 난코스를 벗어나야 한다
인생의 난코스보다
눈앞의 안개를 벗어나는 것이 급선무인 지금
보이지 않던 길을, 가야만 했던 길을
겁도 없이 달려온 나의 현실을 떠올리며
희망의 불씨 하나 더 얹는다
얼마나 걸었을까
희미한 전봇대가 알은척을 할 무렵
겨우 안도의 한숨을 쉰다
잠시 길을 잃었을 뿐이다

길은 늘 그 자리에서 나를 기다려주었다는 것을
한 번 더 깨닫는 나이게 감사한다

옛길

가을을 따라가는데
갈림길이 나타나자 곧장 옛길로 들어선다
인기척에 반색하며 반기는 길
바스락바스락 가벼운 소리로 환대를 해준다
푸른 소나무는 부챗살처럼 펼친 손바닥에
솔방울을 꽃처럼 쥐고 있다가
나그네에게 툭툭 던져준다
숲을 지키며 저만의 빛깔과 색깔로
한 해를 갈무리하는 나무들
서로를 마주 보며 어깨를 기대며
팔을 뻗어 손잡으며 한 생을 살아낸다
기어이 찾아드는 사람을 기다리는지
옛 습관 그대로를 간직하고 있다
다람쥐 서너 마리와 청설모의 묘기를 보며
살랑살랑 보내주는 옛길에 들어
쉽사리 변하지 않을 각오를
마음 기슭에 단단히 묶어둔다
옛사람들의 절개와 지조를 표방한다

원평나루

전설만 남은 터전
물류의 성황을 이루었다는 나룻가에는
갈대와 억새가 그 시절을 재현하고 있다
새들의 지저귐이 흥정을 북돋운다
바람은 수시로 싸움을 뜯어말리며 공정을 부르짖는
역사의 단면이 연출되고 있다
하루의 거래가 끝나면
수면은 잠잠하고 도두 다 휴식에 들어간다
부대끼며 살아가는 물의 부족들
제 안의 소리에 귀 기울이는 일도 잊지 않는다
내 안의 기척 소리를 들어본다
가슴 한편에 눌려 있던 욕망들이 고개를 든다
마음을 통해서도 돌아 나오지 못한 또 다른 불만
출구를 찾지 못한 것일까
전설 가득한 원평나루터를 어슬렁거리며
오늘의 역사 한 토막을 들추어본다
거상(巨商)들의 발자취가 영원을 향하는 곳
평택에는 아름다운 평택항이 있다

환승

담장 위 나뭇가지에 올라
작은 새들이 목청을 가다듬고 있다
꽃을 불러내는 중이다
끼룩끼룩 백로 한 마리가 허공을 선회하며
날개를 쫙 펼쳐 봄바람을 탄다
새가 노래하면 꽃이 돋아나고
꽃이 피면 새들의 음계가 한 옥타브 또 올라간다

돌고 돌아 당도한 그 간이역
풍경들은 수다스럽고
파릇파릇한 색깔마다 힘이 실리고 있다

지금 그곳에 나는 서 있다
까마득한 그곳으로부터 슬금슬금 일어서는
기억의 비늘 조각들
나에게도 물오르듯 솟구치는 기운이 돌아
이 아름다운 계절에 기꺼이 탑승한다

제3부

마음먹기

  심호흡 한번 하고 큰마음 하나 돌려먹으니 심신이 가벼워지더라 조금 전의 상황은 그대로인데 생각 좀 바꾸고 마음 하나 고쳐먹었을 뿐인데 뭐든지 할 수 있다는 자신까지 생기더라 부정과 긍정의 한판 뒤집기 그게 그렇게 어려운 일은 아니더라 돌덩이를 얹어놓은 것 같은 무거운 어깨도 마음 하나 내려놓으니 금방 가벼워지더라 한자리에서 새잎을 틔우고 낙엽을 만들며 늙어가는 나무가 봄바람 첫 손길의 짜릿함을 기억하는 것도 그 순간에 저장된 마음과 감정이더라 생각지 않는 곳에는 갈 수 없고 생각나는 곳에는 언젠가는 닿는 일이더라

  오늘은 좋은 마음 하나 집어 먹는다
  미운 마음 내보내면 좋은 나만 남을 것 같아서
  좋은 마음만 골라 먹기로 한다

새벽을 여는 사람들

해바라기가 줄지어 선 담벼락 아래
쪼르르 앉아 있는 여명의 사람들
해바라기꽃 같은 웃음을 짓거나
핸드폰을 들여다보거나
종이컵에 담긴 커피믹스를 마시며 기다린다
인력시장을 통과하고
오늘의 일터를 기다리는 중이다
그렇지 못한 사람은 공치는 오늘을 감수하며
일찌감치 행방을 추스른다
그 곁을 지나며 밑줄 친 낱말처럼
도드라진 장면이 있어도 보는 듯 마는 듯
나의 이른 출근길을 재촉한다
그 엄숙한 행간을 더듬어보는데
해 뜨는 쪽으로 날아가는 한 무리의 백로
일제히 뒤꽁무니를 따라가는 행렬이 어여쁘다
누가 가르쳐주지 않아도
동녘과 서녘을 구분하는 그들의 촉이 놀랍다
해바라기가 해를 향해 몸을 비틀고 있다

어쩌면 우리도
날마다 펼쳐지는 백지 위에 던져진 방랑자가 아닐까
샛별을 가슴에 안고 하루를 품으며
해를 따라 도는 꽃이 되어
하루를 여닫으며 살아가는 사람들이 있다

가던 길 돌아서고 싶을 때

비는 내리고
창밖 소소한 바람들이 귓가로 모여든다
일상은 채워지는 것이 아니라
조금씩 갉아먹는 기분이라던
눅눅한 독백만이 메아리로 돌아온다
청춘의 코발트 빛은 다 어디에 소모하였을까
포기하는 것이 현실 도피라 할지라도
그리하고 싶을 때가 있다
장맛비는 그칠 줄 모르고
생각마저 젖는 축축한 밤을 건너다
아침은 어김없이 밝아오고
장마를 견딘 다육이가 꽃을 피워 물고 있다
깨진 사발도 제집으로 활용하는
식물의 적응력이 귀엽다
가던 길 돌아서고 싶을 때
다시 걷게 하던 한 줄기 희미한 빛
끊어질 듯 이어지는 가느다란 빛들이 있었음을
기억하고 있다

갈림길에 들어설 때마다 발길을 이끌어주던
그 작은 빛들이 언제 어디서나
나를 지켜주곤 했다

춘삼월의 눈

수선화 겨우 땅을 뚫고 이마를 내미는데
대설특보는 기어이 함박눈을 몰고 온다
길과 들판의 경계가 헝클어지고
산수유나무 위에 정차된 자동차 위에
내놓은 의자 위에 쌓이고 쌓인다
허공이 새하얗게 내려앉는다
적막 같은 고요가 엄습하자
그만 핸드폰을 들고 만다
누군가의 수다가 필요해진 것이다
경칩도 지난 오후의 일이지만
눈바람을 타고 돌아오는 익숙한 목소리
문을 열고 나서는 발길 위에
하얀 눈은 내려 금방 발자국을 지운다
눈꽃처럼 사라질 눈꽃 같은 이야기
찻잔 속에 녹아든다
뜻밖의 여유와 따스함을 선사하는
춘삼월의 백설(白雪)

호접란

뻗쳐 나온 꽃줄기에 조롱조롱
대가족을 이루며 흔박웃음 짓는다
휘어지는 허리를 곧추세우며
행여 부딪치랴 비켜 앉은 매무새
도란도란 꽃을 피워 물었는데
작은 화분마저 보랏빛 꽃물이 든다
넓적한 꽃잎을 딛고 긴 모가지 기웃거리며
미처 꽃잎을 열지 못한 봉우리 지키는 대궁
금방이라도 나비 되어 날아갈 것 같은 조바심이
두 눈에 획히 보인다
행복이 날아온다는 꽃말 뒤에는
언제나 이별의 서러움이 숨어 있기 마련
새벽이 오면 연분홍 젖가슴을 열어 보일 꽃망울
어디론가 훨훨 날아가 버린
내 젊은 날의 꿈만 같아서 한참이나 들여다본다
여전히 나비처럼 날아다니고 있을까
아직도 뭇다 이룬
그 꿈 하나를 포기하지 못한다

낙과와 추락

간밤, 비바람에 떨어진 복숭아 몇
단내를 물씬 쏟아내며 뒹군다
얼핏 보니 작은 구멍을 뚫고
벌레 한 마리가 배를 불룩불룩 내민다
복숭아가 땅에 떨어진 줄도 모르고
불그스름한 몸통이 복숭아 밖을 기웃거린다
저 귀여운 미물의 미각에
단물을 제공한 과실은 낙과의 길을 걷는다

벌레 먹은 복숭아처럼 툭,
굴러떨어진 사람을 기억하고 있다
승승장구 오르기만 하던 빌딩의 높은 계단
오를 줄만 알았지, 내려다볼 줄 모르던
능력자의 열정이 소용돌이에 휘말리자
보이지 않는 야합에 밀려나는 사람이 되었다
추락이란 그런 것이다

나무가 구멍 난 과실을 밀쳐내듯

높은 빌딩들도 누군가의 승승장구에 그늘을 내고
툭툭 밀쳐내는 벌레와 함께 사는 세상의 일이다

유월의 장미

라일락이 머물다 간 자리
아침햇살을 매만지고 있던 장미가
오늘이 마지막인 양 혼불을 지피듯
저만의 미혹을 내뿜으며 붉은 얼굴을 들이댄다
가파른 담장을 움켜쥐고 넘기던 시간
조금씩 땅따먹기라도 하듯
벽 한 면을 초록으로 도배하는 이파리 사이로
불그스레한 입술을 열고
붉은 계절의 전언을 던져준다
기억 저편 묶어두었던 사연을 풀어내듯
봉우리를 젖힌다
담장 위에 걸쳐 앉아
하늘을 향해 고백하는 무언의 함성
사랑의 열병을 뜨겁게 토해낸다
나도 한때는 뜨거운 장미의 아바타였다
지금, 그때의 열정은 다 어디로 갔는가
유월이 가면 사람들은 석양 속으로 사라지는
장미의 열정을 기억하려 하지 않는다

오래오래 기억하고 싶다
책상 위 유리컵 속에서 붉게 웃는 나의 아바타
유월의 장미여!

빈센트 반 커피

밑줄 쳐놓은 듯
도드라진 기억을 물고 일어서는 날이 있다
모난 말들을 대책 없이 주고받으며
삐걱거린 그날이 자꾸만 켕겨서
고흐를 지우고 고흐를 파는 찻집엘 간다
주고받던 말들의 뼈대를 추려
바둑판을 구성해 보지만 묘수가 없다
카멜레온 같은 거짓의 민낯을 보지 못한 것은
안목의 기준이 더딘 나의 시력 때문일 것이다
언제쯤 거짓과 진실을 구분할
심안(心眼)을 갖추게 될지는 모르지만
굳이 그러고 싶지 않다는 생각에 초점을 맞춘다
세상의 이면을 다 알고 살아내기는 불가능한 일
통유리창 넘어 환한 빛이
제 몫의 햇살이 아니라는 듯 꽃잎을 오므리는
한련화의 다소곳한 몸짓을 보며
이글거리던 분노와 자책을 그냥 뭉개버린다
고흐의 잘린 귀와 해바라기가 진열된

찻집에 들러 따끈한 커피를 마신다
고흐의 해바라기가 웃는다
내가 웃는다

나와 화해하다

봄맞이 준비가 아직 부족한데
봄이 돌아오고 있다
지난겨울 굳게 틀어 잠근 마음의 빗장
열지도 못하고 열 생각도 없는데
살얼음판 같은 일상의 채근을 따돌리지 못한다
눈 감고 귀 닫고
먹었던 독한 마음 게워 내고 또 게워 내고 나서야
비로소 투명해진 내가 보인다
먼지처럼 가벼워져서야
내 안의 나에게 화해의 악수를 청한다
손 한번 내밀었을 뿐인데
마음은 둥둥 구름을 탄다
감나무 가지마다 꽂히는 연둣빛 새잎들을 보며
아무 일 없었다는 듯 봄을 기다린다

감기

꽃잎 다 덜어지겠다
창문을 흔드는 새벽의 소란
여기저기 봄 앓는 소리 들린다
때아닌 사월의 강풍이 꽃송어리들의
멱살을 잡고 흔들어댄다
밤새 시달린 봄꽃들이 핼쑥해지고
하늘거리던 허리가 부러질 듯 굽어 있다
저마다의 자태를 다 뽐내기도 전에
꺾여버린 꽃들의 고난을 보며 출근을 서두른다
여인 하나 지나다가
떨어진 꽃송이를 주우려 엎드리는데
바람이 먼저 휩쓸고 간다
졸지에 꽃을 잃는 나무들
쓸쓸하게 흩어지는 꽃의 최후를
멍하니 서서 배웅 아닌 배웅을 한다
망연자실한 나무의 태도나 훔쳐보다가
이 몸어 감기 드는 줄을 몰랐다
강풍주의보가 발표된 것을 나만 몰랐던 거다

마음의 지우개

눈앞이 캄캄하다
아무것도 보이지 않는다
어린 시절 멍석에 누워 헤아리던
그 총총한 나의 별들은 다 어디로 갔을까
모깃불 따라 하늘로 올라가는 그리운 날들
우물 안에 빠진 달빛이라도 퍼마시고 싶은 날

잘라내야 한다고 다짐하던 슬픈 기억 하나
짙은 녹음처럼 검은 그림자만 키운다
가슴을 푸석푸석 말리던 얼음골에 불던 바람
삶이란 다 그런 거라고
혼자만의 독백으로 흐르는 지친 하루가
또 하나의 과거로 안착되는가

아직은 내려놓는 일에 익숙하지 않다
달빛이 없어도 환해지고
별빛이 없어도 빛이 나던 날
심중에 심어놓은 나무가

톡톡 눈물을 털어내듯
부질없이 자라는 생각들은 지워버리고 싶다
마음을 지우는 지우개 하나 다듬어서
심안에서 슬금슬금 피어오르는
붉거나 푸른 녹들
박박 문질러 닦아내고 싶은 날이 있다

하지 못한 말

허허벌판에 홀로 서서
간절한 기도에 매달릴 때의 그 절박함을
하늘과 대지는 알까 모를까
커피 한 잔마저 나를 외면하던 날
종일토록 비와 진눈깨비가 번갈아 내렸다
꼭 해야만 하고 했어야만 했던 그 말 한마디
입 밖으로 나가지도 못하고
껄끄럽게 헛돌았다
잠깐 멈출까, 멈추어도 될 거야
목구멍까지 차오른 말을 도로 삼키며
침묵으로 대변한다
돌아올 말들이 두려워
어떠한 위로의 마음도 얻지 못하고
애꿎은 책장만 넘기다 현관을 나선다
마른 나뭇가지에 앉았던 새가
날개를 털고 솟구치는 것을 보며
그냥 털어버리기로 한다
조급한 생각과 마음을 버리고

어깨 위의 눈을 털어내며
눈 속을 걷는다
마음이 하얘지는 것을 알겠다

너의 목소리를 듣는다

어디로부터 온 것일까
봄꽃에 입 맞추며 쟁여둔 것일까
파란 하늘에 맡겨둔 것일까
아무리 퍼내어도 줄어지지 않는 화수분처럼
동화 속의 주인공처럼
꽃으로 햇살로 내게 다가온다
가끔씩 일상이 흔들리고 낯설어질 때면
우울하고 어두운 모든 것들을 몰아내고
눈앞에 펼쳐진 정경에 꽃 피는 소리 듣게 하고
흘러가는 구름을 따르게 하고
새의 노래로 함께한다
대한의 아들로 보내놓고
조용히 나를 들여다보는 시간이면
밝은 전조의 효력을 지닌 너의 목소리가 또 그립다
잘 지낸다고, 휴일이면 걸려오는
너의 목소리를 기다릴 때가 있다
여름 햇살처럼 뜨겁게 제 갈 길을 잘 가고 있기에
나 역시 가을빛처럼 고운 길을 갈 수 있음을 안다

오늘, 입추를 알리는 새소리에서
나뭇잎 흔드는 너의 목소리를 듣는다

꽃다발

딸아이의 합격 소식
문자를 타고 날아든다
아직 전해 받을 딸은 도착도 하지 않았는데
엄마의 발길은 어느새 꽃집 앞이다
서둘러 꽃다발을 주문한다
절정의 꽃들이 최고의 시간을 향해 웃고 있다
한 아름의 꽃
누군가의 기쁨을 위하여
밤마다 붉고 푸른 수액을 길어 올렸을 것들
먼 길을 돌아 돌아 우리에게로 왔다
딸을 보는 것 같다
쉼 없는 열정으로 앞만 보고 달려가는 아이
성급한 마음에 꽃다발 전송부터 한다
또 한 계단 올라섰다는 안도의 긴장감이
가슴 가득 안겨온다
다시 시작의 단초를 잡는다
더 큰 꽃다발을 마련하고 싶다

제4부

기도

마음이 먼저 구원을 향한다
오직 한 마음뿐
낭떠러지와 길의 븐간도 없는 칠흑 어둠 속을
전조등으로 빛의 터널을 뚫으며 간다
아스라이 들리는 톤탁 소리
밤을 두드리는 선(禪)의 소리 듣고서야
안도의 숨을 내뿜는다
두 손 모아 합장하며 법당에 들어서니
지긋한 눈빛 자애르운 광명이 온몸을 감싼다
염원을 얹어 오체투지로 조아린다
밤의 풍경들이 깨어나고
살아 있는 것들이 귀를 열고
풀도 나무도 한밤의 기도를 숙연히 경청한다
저 높은 곳을 향하여
한 계단씩 무사히 오를 수 있기를 바라며
간절한 마음의 기도를 올린다
무한한 사랑을 올린다

얘들아!

꽃들이 릴레이로 피어나듯
너희들이 태어날 때마다
희고 곱던 홑청 빨래는 허공을 나빌레라
풍경 아닌 것이 없었고
햇살 한 조각에도 환희의 찬가가 느껴졌다
세상은 결코 동화 같지 않지만
얘들아, 너희들을 본 뒤로는
동화 아닌 것이 없다
너희들은 내가 쓰는 동화의 주인공이었으니
아름답지 않은 날이 없었던 거야
아직은 아는 것보다
모르는 게 더 많은 나의 아가들아
모르는 것들을 하나하나 알아가면
험한 세상을 마주해도 겁날 것이 없단다
그때 세상은 너희들의 무대가 되고
너희들은 웅장한 무도회의 주인공이 될 수 있을 거야
무엇이 어렵겠느냐
나에게는 너희들이 멈추지 않는 생의 레일에서

궤도를 이탈하지 않을 것이라는 믿음이 있다
별처럼 빛나는 생을 살거라
순간마다 웃음꽃 피는 보람으로 살거라
즐거운 날에는 춤을 추어라
세상이라는 무대 위에서
잘 살아온 날들을 예찬해도 좋으리니
마음껏 노래하거라
소중한 나의 아이들아

나의 씨앗을 심다

햇살이 이슬을 터는 사이
등 굽은 노인들은 벼를 베고 있다
가로수도 빛바랜 잎을 털어내며 줄기를 가눈다
트럭 한 대가 굉음을 내며 질주하자
한 무더기 코스모스, 쓰러졌다 금방 일어선다
잠자리 한 마리가 시소를 탄다
추수 끝난 들녘에 황량한 바람의 끝이 보이고
밭에는 마늘 씨앗 박힐 구멍이 송송 뚫려 있다
모두가 넉넉하게 마무리되는 가을
나만 거둬들일 것 없는 빈손 같아서
들녘만 훑어본다
텅 빈 마음밭 한 자락이라도 경작하여
내 생의 보석 같은 씨앗 한 톨이라도 묻어야겠다
해가 바뀌면 내가 뿌린 나의 씨앗도 잘 자라나서
영혼의 양식으로 부족함이 없기를 희망한다
그리하여 푸르고 짙은 심연의 바다를 밝혀줄
새벽빛이 더욱 찬란하기를 희망한다

소풍정원*

고요한 물들의 보금자리
연을 키워 꽃을 피워올리면서도 소리치지 않는다
연못가 버드나무는 수양이니 능수니 묻지도 따지지도 않아
그저 심어진 대로 제 환경에 불평하지 않는다
부드러운 몸짓으로 바람을 맞이하고 보내며 풍경을 만든다
연못과 연못을 이어주는 다리를 건너며
시간과 공간을 건너뛰어야 했던 나의 삶을 생각한다
연꽃 같은 시절 다 보내고 문득 발견하는 또 다른 나
바람이 미는 대로 꽃이 부르는 대로 걸음을 옮기며
억새와 부들이 어우러지듯이 모나지 않게 살아가리라
단단하고 맛깔난 연밥처럼 여물어가리라
한참을 걷는 동안 눈물인지 빗물인지 모를 물방울이
발등에 떨어진다
서둘러 소풍정원을 빠져나오며 나의 일탈을 되짚어본다

―――――
*평택8경 중의 하나.

대서

양양 바닷가로 물놀이 가는 아이들
바다보다 상큼한 웃음들이
금방 딴 아오리 사과처럼 풋풋하다
아이들을 내려주고 오는데
111년 만의 폭염 경보를 알리는 방송이다
이름값을 톡톡히 하려는 듯
후끈후끈한 아침나절
텃밭의 참깨꽃들이 하얗게 자지러지고
울타리를 거머쥐는 애호박의 야무진 덩굴손 뒤로
바보 같은 망초가 바보처럼 웃고 있다
더위쯤이야 겁날 것도 없다는 태도다
나도 해본 행동이다
접혔던 시간을 펼쳐보면
유난히 큰 태풍이 몰아치던 그해
악착같이 살아내야 했던 한 시절이 보인다
금방 떨어질 것 같은 눈물방울을 매달고
나뭇잎 같은 몸으로 큰바람을 막아내야 했다
절망적인 언어들을 골라 인내로 버무리며

버티던 고난의 틈바구니에서
자문자답으로 비상구를 찾아내어야 했다
절망이 자리바꿈하는 환절기 끝에서
대서(大暑)쯤이야 아무것도 아님을 경험하던
삶의 한 시절이 있었다

새들은 돌아오지 않았다

처마 모서리에 세를 들고
한나절이 다 가도록 지푸라기와 진흙을 물어와
올록볼록 엠보싱 둥지를 지어 붙이던
새들의 작업을 우연히 지켜본 적이 있다
공복의 출출함도 잊은 채
눈을 떼지 못하는 나의 집중과
새들의 건축공학이 맞물려가고
그 분주한 시간의 전율이 가슴을 타고 흐르던
감동은 오래 지속되었다
갓 깨어난 노란 주둥이에 먹이를 넣어주고
전깃줄에 앉아 흐뭇하게 바라보던 모성은
오래도록 눈에 밟혔다
어느 날 개발의 물결에 힘없이 내려앉은 집
지상으로 떨어진 새들의 둥지엔
무자비한 폭력의 그림자만 어른거렸다
신축건물이 들어서고 집들이 늘어났으나
새들은 돌아오지 않았다

휴일

잔뜩 흐리기만 한 날
식구들은 다 나가고 집이나 지킨다
창밖 담벼락 밑에 낙엽들이 수북이 모여들고
들판을 가로지르는 기차에 시선이 멈춘다
마지막 칸에 마음이 올라타니
풍경들은 재빠르게 뒤로 물러나고
아이들과 미술관 찾아가던 서울행 완행열차
지나온 날들이 명화처럼 한 컷씩 넘겨진다
바쁜 핸드폰도 잠시 휴식에 들고
애니팡 하트 보내오는 소리만 고요를 깨고
베어낸 부추 자라듯 그리움만 쑥쑥 올라온다
친구나 불러내어 차라도 마실까 하다가
그냥 이불 속으로 몸을 밀어 넣는다
책 한 권을 펼치니 잠이 먼저 독식해 버려
꿈길에서나마 사방샤방 나들이 즐기다 깨어난다
어느덧 땅거미가 짙어지고 있다
마땅한 휴일이다

소리를 보다

조선의 소리가 재조명되고 있다
무대 위로 꽃상여가 등장하고
구성진 소리가 상주처럼 따라붙는다
요령 소리가 장단을 맞추며 느릿느릿 뒤따른다
―어허이 어허 이제 가면 언제 오나
―북망산천 멀다더니 내 집 앞이 북망산일세
어릴 적 듣던 그 소리다
한낮의 땡볕도 숨을 죽이고 주변은 엄숙하다
막걸리 사발을 비우던 할아버지
안주머니를 뒤적거려 만 원짜리 한 장을 꺼내
꽃상여 새끼줄에 끼운다
곁에 있던 노인들도 줄줄이 노잣돈을 끼운다
넙죽 절을 올리는 사람도 있다
붉은 단풍을 만장처럼 흔들며 고향으로 향하던
내 아버지, 굽이굽이 고갯길을 함께 넘던
그 바람 그 구름 모두 돌아와
요령을 흔들며 꽃상여를 따른다
떠난 사람들은 돌아오지 않는데

조선의 소리가 들린다
상여를 끌고 가는 그 소리가 보인다

터미널에서

무궁화를 탄 딸아이는 대전으로 떠나고
아들은 의정부행 버스를 기다린다
사람 한 무더기를 토해놓고
또 한 무더기를 머금은 이별과 환영의 교차로
잠시 후 아들도 떠나갈 것이다
아들이 탄 버스 꽁무니를 한참 동안 바라보다
허공을 쳐다보니 흰 구름 둥둥 떠간다
구름보다 가볍게 떠나는 나의 등 뒤에서
하염없이 손 흔들며 서 있던 어머니
아스라한 그 풍경을 내가 들쓰고 있다
보낼 사람 보내놓고 못 박힌 듯 서 있다가
문득, 내 생의 터미널을 생각한다
어느덧 중간지점 삶의 한복판에 도착해 있고
점점 쓸쓸해지는 마음을
눈치 없는 터미널 바람이 부추기고 있다
어머니가 그랬듯이
어스름 속에 허청허청한 마음을 숨긴다

칡꽃

빗소리다
늘 함께 들어주는 그대가 곁에 있어 좋다
삶의 우산 함께 받는 그대여서 좋다
나무라고 들풀이라고 서로 다른 비를 맞겠는가
너와 나 그들 사이에 끼어 있는
작은 돌멩이에 불과할지도 모르는데,
날만 잡으면 동행하는 비
앞장서는 비
나무라지 않고 길을 나선다
다랭이논을 지나고 골짝 물들의 잔소리를 들으며
징검다리 건너는데 보랏빛 웃음으로 반겨주는 예쁜 꽃
칡꽃이다
칭칭 감긴 줄기를 붙들고 하늘을 우러르고 있다
인적 끊어진 숲속에서 오직 하늘만 바라보던 내력
꼿꼿한 목짓에 알 수 없는 설움이 보인다
누구도 기억해 주지 않는
산속의 섬 같은 꽃이다

형형하다

도서관 담장 아래 차를 세우자
늘어지게 피어 있던 개나리가
속절없다는 듯 꽃잎 몇 장을 내려놓는다
문을 열고 내리려다 그만둔다
산등성이를 넘어가던 석양이
소나무 등걸에 걸터앉아 막바지 눈빛을 보내온다
형형한 그 눈빛에 찔려
해야 할 공부와 시간을 잊고
가만히 차에 갇혀 있다가 집으로 온다
가로등 아래 차를 세우자
집 앞의 개나리도 마지막 등불을 깜박거린다
그랬다
들숨과 날숨을 몰아쉬며 임종을 맞이하던 아버지
끊어질 듯 이어지는 뜨거운 숨결을 가르던
마지막 눈빛만은 형형하기 그지없었다
그 눈빛 아직도 내 눈 속에 살아 있다
아버지의 눈빛을 빌려 어둠을 찔러보는데
무논의 개구리들이 약속이나 한 듯이

목청껏 울어준다
형형한 울음이다

첫눈 오는 날

찬바람을 타고 온 겨울 첫눈이
올해는 꽤 넉넉합니다
잎을 버린 앙상한 나뭇가지에서
거미줄에 매달린 한 잎을 바라보며
누군가는 떠나기 싫은 발버둥이라 하고
누군가는 머물고 싶은 애원의 몸짓이라 말합니다
바람이 다시 왔습니다
윤기 없는 얼굴처럼 푸석한 낙엽들이
바람과 무리 지어 돌아다닙니다
낙엽과 함께 땅바닥에 굴러떨어지는 생각들
그 생각 하나 거두지 못하고 하루가 저뭅니다
한 해도 저물어 갑니다
잡으려 애쓰던 시간도 지나가고
내려놓으려 노력하던 날들도 지나가 버렸듯이
이 겨울이 가면 봄은 또 변함없이 오겠지요
흔적 없이 사라진 첫눈 자국이 빈 가슴에 남습니다
꽃피는 춘삼월이나 성급하게 기다려야 할까요
참 속절없는 생각입니다

대청호 우체통

홀로 서 있는 빨간 우체통
소식 한 통 받아먹어 본 지가 언제인지
아랫배가 홀쭉하다

우체통보다 작은 아이 하나
뒤뚱뒤뚱 걸어오더니 꼭 쥐고 있던
풀꽃 한 송이 넣어준다

진종일 호수만 물끄러미 바라보다가
갑자기 찾아든 봄소식에 깜짝 놀랐는지
붉은 얼굴 더 붉어지는 우체통

대청호 은빛 물결에
수신인 없는 엽서라도 띄우고 싶은
환한 봄날의 일이다

영월

정자에 오르니 보인다
높은 산 쉬엄쉬엄 쉬어 넘는 구름 군단
그 아래 해발 600미터도 낮은 듯이 엎드린
빈 오두막집 한 채
집을 비운 주인은 언제 돌아오려나
앞마당에는 취나물 하얀 꽃
초롱초롱 더덕꽃
빨간 맨드라미는 울타리 되어 어깨를 맞추고
하루만 피었다가 지는 목화꽃은 얌전하게
저마다의 자태로 주인을 기다리고 있다
아름드리 밤나무는 심심풀이인지 심통인지
설익은 밤송이를 툭툭 내던진다
딱새 집이 궁금한지
바람이 수시로 들여다보고 간다
귀 기울이면 태백산맥 물줄기 우렁우렁 힘차고
영험한 정기 새파랗게 뻗어나가는데
모른 척하기가 차마 어려워라
가끔 그 집에 들러

태백이 품은 시(詩)
맡겨 놓은 것처럼 독촉하고 필사하여
내 것으로 만들어야겠다

매화

눈송이에 얹어 보낸 답장은
잘 받으셨는지요

비가 오면 비가 오는 대로
바람 불면 바람 부는 대로

그때 차 한잔해요 우리

해설

새로운 일상의 풍경으로 흔승하기까지

장예원(문학평론가)

1. 과거는 돌아오는 것일까? 아니면 미래가 과거를 다시 쓰는 것일까?

누구나 "접어두었던 시간"을 펼쳐보는 순간들이 있다. 거기에서 우리는 "공터를 구르던 마른 낙엽 같은 방황"과 "탱자나무 가시에 절린 것처럼 쓰리고 아린 기억들"을 마주하고는 그것들이 여전히 "모서리 하나 닳지 않은 채 그대로"(「다시, 꽃」)라며 치를 떨지도 모른다. 하지만 정말 그럴까? 아린 기억들은 모서리 하나 닳지 않은 채 과거의 모습 그대로일까? 그렇다면 시집 『너의 목소리를 듣는다』는 탄생하지 않았을 것이다. 최경순 시인은 오히려 이 시집을 통해서 '과거는 돌아오는 것일까? 아니면 미래가 과거를 다시 쓰는 것일까?'라는 질문을 던지는 듯 보이기 때문이다. 먼저 시 「죽령고개를 넘으며」를 살펴보자.

> 단풍이 절정으로 치닫는 죽령고개
> 나무마다 시가 펄럭이고 있다
> 옛시조를 읊으며 굽이굽이 고개를 넘는다
> 다가오는 바람이 차다
> 옛날은 스쳐 지나가는 것이 아니라
> 연어처럼 다시 돌아오는 것일까
> 낙엽처럼 가버린 사랑 또한 그런 것일지도 모른다
> 서늘한 바람과 실낱같은 햇살에도
> 곁을 내어주는 시간
> 허공을 밟고 내려오는 나뭇잎들의 행렬을 보며
> 생각의 꼬리가 꼬리를 물고 늘어진다
> 오늘이 삶의 절정이라면
> 다시 돌아오는 것이 추억이라면
> 가을, 저 붉디붉은 내력을 다시 열어볼 수 있을까
> 침침한 마음 한 자락 내려놓으면
> 저만큼 가벼워지는 것일까
> 당당한 자세로 겨울을 받드는 나무에 공감한다
> 또렷한 소리 하나가 귀에 들어오고

나무처럼 살고 싶다는 마음의 소리로 화답한다
숨 가쁘게 넘는 나의 오십 고개가
죽령고개보다 가팔라지는 것을 어쩌지 못한다
　　　　　　―「죽령고개를 넘으며」 전문

　단풍이 절정을 이루는 죽령고개를 넘으며, 시인은 문득 지나간 시간을 떠올린다. 바람이 차고 햇살은 실낱같이 스며들며, 나뭇잎들이 허공을 밟고 내려오는 그 풍경 속에서, "옛날"과 "사랑"이라는 단어가 다시금 현재의 감각으로 돌아온다. 그러나 이 회상은 단순한 기억의 소환이 아니다. 시인은 "옛날은 스쳐 지나가는 것이 아니라/연어처럼 다시 돌아오는 것일까"라고 묻는다. 이 질문은 곧 시간에 대한 전통적 인식을 흔드는 사유이며, 기억과 존재의 역동적인 구조를 가리킨다. 과거는 정말 지나가 버리는 것일까, 아니면 지금 이 순간 우리에게 다시 의미를 덧입히며 되돌아오는 것일까. 프로이트는 이런 심리적 시간의 독특한 성격을 '사후성'이라는 개념으로 설명한 바 있다. 그는 기억이 과거에 한 번에 기록되고 고정되는 것이 아니라, 이후의 사건에 의해 다시 쓰이고 재구성된다고 본다. 즉 어떤 결정적 사건은 그것이 벌어진 그 시점에서 의미를 다 드러내는 것이 아니라, 나중에 오는 또 다른 정동이나 경험과 연결되면서 비로소 새로운 의미를 획득한다는 것이다.

인용 시 속의 주체는 지금 죽령고개를 넘으며, 과거의 사랑을 '지금'의 단풍과 바람 속에서 다시 의미화하고 있다. 사랑은 과거의 한 시점에 박제된 사건이 아니라, 현재와 미래 속에서 계속 다시 살아나는 감정의 구조이며, 그런 점에서 "가버린 사랑 또한 그런 것일지도 모른다"는 시인의 말은, 기억과 정서의 본질이 고정이 아니라 되돌아옴과 재구성에 있음을 암시한다. 프로이트의 이론에 따르면 원인은 반드시 결과보다 먼저 오는 것이 아니라, 결과가 어떤 사건을 계기로 과거의 원인을 재조직할 수도 있다. 이러한 시간성은 물리적 세계에서는 존재하지 않지만, 심리적 삶 속에서는 늘 작동한다. 과거의 의미는 뒤늦게 도착한 정서적 파동 속에서 비로소 감지된다.

라캉은 이와 같은 시간 구조를 주체 형성의 핵심으로 본다. 주체는 과거의 나를 기억한다고 믿지만, 사실은 지금-여기에서 미래의 욕망을 따라 과거의 의미를 새롭게 짓는다. 어떤 사건이 왜 중요한지는 그 당시에는 알 수 없고, 오히려 미래의 자리에 도달한 내가 그 사건의 의미를 규정한다. 이 말은 곧 미래가 과거보다 먼저 도착한다는 말이기도 하다. 시에서 화자가 "오늘이 삶의 절정이라면/다시 돌아오는 것이 추억이라면"이라고 말할 때, 그는 이미 과거를 지금의 시점에서 새롭게 열어보고 있는 셈이다. 이 시에서 추억이란 닫힌 서랍을 여는 일이 아니라, 지금 이 계절, 이 자리에서 새롭게 쓰이는 텍스트

다. 죽령고개는 그러한 재구성의 장소이며, 시인은 그 고개를 넘으며 자신이 지나온 삶의 의미를 다시 묻는다. 그러므로 과거는 지나간 것으로 고정된 형태가 아니라, 여전히 내 안에서 돌아오고 있으며, 다가오는 미래와 함께 새로운 문장을 써 내려가고 있는 중이다. 그래서 시인은 말한다 "가을, 저 붉디붉은 내력을 다시 열어볼 수 있을까"라고. 그것은 회상의 욕망이자, 재서사의 충동이며, 나의 삶을 다시 읽고 싶다는 조용한 의지다. 그렇게 죽령고개를 넘으며 시인은 문득 깨닫는다. 지나간 시간이 우리를 만든 것이 아니라, 지금 이 시간이 그 과거를 다시 쓰고 있다는 것을.

시의 마지막 구절에서 시인은 "당당한 자세로 겨울을 받드는 나무에 공감한다"며 "나무처럼 살고 싶다"는 바람을 내비친다. 나무는 과거를 고집하지 않되 "천 개의 나이테를 새기며"(「부석사 가는 길」) 그 흔적을 잊지 않고, 겨울을 정면으로 받아들이되 꺾이지 않는다. 나무처럼 산다는 것은, 지나간 것을 단념하거나 미화하는 것이 아니라, 기억의 되돌아옴을 있는 그대로 받아들이고, 그 되돌아온 과거를 껴안은 채 지금의 내가 다시 자라나는 일이다. 시인은 이 고개의 한복판에서, 잎을 떨군 나무의 자세로, 시간과 존재의 곡선을 수용한다. 지나간 사랑과 낙엽은 다시 올 것이다. 그러나 이때 다시 온다는 것은 반복이 아니라 재의미화다. 이 시는 그래서 단풍의 절정에서 시간을 묻고, 기억을 다시 쓰고, 존재를 새롭게 살아내는 하나의 사유이다. 그리고 그 사유 끝에서, "나무처럼 살고 싶다"는 조용한 응답이 들려온다. 그것은 방황과 아린 기억들을 회피하지 않고, 되돌아오는 시간 앞에 선 누군가의 담담한 목소리다.

2. 말하지 못한 마음, 눈 속을 걷다

하지만 "사람들의 기도와 염원이/가슬가슬한 가을빛으로 빛날 때까지/600번을 채우고 비웠을 고목"과 같은 "신의 대열"(「공세리 성당에서」)은 인간이 도달하기에는 너무 먼 길이다. 이미 너무 많은 상처를 입었기 때문에 그 상처들이 나 자신을 보호해 줄 거라 흔히들 생각하지만 소소하고 반복적인 '생활'의 거대한 힘 앞에서는 무용지물이 될 뿐이다. 각자의 인생길에서 "유난히 큰 태풍이 몰아치던 그해"를 "나뭇잎 같은 몸으로"(「대서」) 막아내는 시절을 지나왔다 하더라도 우리는 여전히 사소한 공포에도 소름이 돋고 사람들의 말 한마디에 상처받고 상점에서 거스름돈을 덜 받은 사실을 깨달을 때면 짜증이 밀려드는 평범한 일상을 영위해야만 한다. 또한 삶에서 거대한 태풍은 한 번으로 끝나지 않을 수도 있다. 그러므로 "나무처럼 살고 싶다"는 바람은, 되돌아오는 시간 앞에서 담담한 목소리로 대응하기는 언제나 어려운 일이다.

눈앞이 캄캄하다
아무것도 보이지 않는다
어린 시절 멍석에 누워 헤아리던
그 총총한 나의 별들은 다 어디로 갔을까
모깃불 따라 하늘로 올라가는 그리운 날들
우물 안에 빠진 달빛이라도 퍼마시고 싶은 날

잘라내야 한다고 다짐하던 슬픈 기억 하나
짙은 녹음처럼 검은 그림자만 키운다
가슴을 푸석푸석 말리던 얼음골에 불던 바람
삶이란 다 그런 거라고
혼자만의 독백으로 흐르는 지친 하루가
또 하나의 과거로 안착되는가

아직은 내려놓는 일에 익숙하지 않다
달빛이 없어도 환해지고
별빛이 없어도 빛이 나던 날
심중에 심어놓은 나무가
톡톡 눈물을 틀어내듯
부질없이 자라는 생각들은 지워버리고 싶다
마음을 지우는 지우개 하나 다듬어서
심안에서 슬금슬금 피어오르는

붉거나 푸른 녹들
박박 문질러 닦아내고 싶은 날이 있다
—「마음의 지우개」 전문

인용 시는 과거의 아픔과 상실, 그리고 그것을 직면하고자 하는 내면의 움직임을 섬세하게 그려낸 작품이다. 시인은 눈앞이 캄캄해 아무것도 보이지 않는 현실의 무게로부터 시작해, 어린 시절의 기억들, 총총한 별과 모깃불, 우물 안 달빛 같은 이미지를 소환한다. 이 아름다운 장면들은 단지 과거의 추억이 아니라, 상실된 어떤 세계, 혹은 현재가 도달하지 못하는 무의식의 자리이기도 하다. 그러나 너무나 당연하게도 과거는 이렇듯 기꺼이 마주하고픈 그리운 날들만 소환하는 것은 아니다. "잘라내야 한다고 다짐하던 슬픈 기억 하나"도 따라와서 "짙은 녹음처럼 검은 그림자만 키운다". 앞에서 언급했듯이 우리는 과거의 고통 때문에 괴로운 것이 아니라, 현재의 우리가 그 과거를 어떻게 의미화하느냐에 따라 고통이 새롭게 구성된다. 하지만 이 시는 그런 이론적 통찰을 안다고 해서, 현실에서 과거를 직면하는 일이 결코 쉬운 것은 아님을 보여준다. 슬픈 기억을 잘라내려는 시도는 오히려 상처를 더 짙게 만든다. 마음속에 억압된 기억은 오히려 더 짙은 형태로 되살아나고, 일상의 어떤 바람, 소리, 풍경 속에서 다시 무의식처럼 떠오른다. "삶이란 다 그런 거라고" 하는 체념 어린 독백은 고통을 봉인하려는 시도처럼 보이지만, 사실 그것은 여전히 해결되지 않은 감정의 찌꺼기들 위에서 불안정하게 떠 있는 방어 기지다. 그리고 "또 하나의 과거로 안착되는가" 하는 질문은, 과거가 정말 '과거'가 되는 순간이 있을까를 반문하는 것이기도 하다. 우리는 정말로 과거를 보내는 것일까, 아니면 그저 덮어두고 미뤄두는 것일까.

후반부에서 시인은 더욱 적극적인 정화를 시도한다. "부질없이 자라는 생각들은 지워버리고 싶다"는 진술에서, 무의식의 잔해들을 지우고 싶은 강한 욕망이 드러난다. 이때의 '지우개'는 기억의 삭제라기보다는, 마음을 다듬고 정리하고 싶다는, 다시 말해 기억과 감정의 질서를 재구성하고자 하는 상징이다. "붉거나 푸른 녹들"은 상처의 색, 혹은 오래된 감정의 때일 것이다. 그것들을 "박박 문질러 닦아내고 싶은 날이 있다"는 고백은, 결국 우리는 기억을 없앨 수는 없지만 그것을 덜 아프게 할 수 있다는 실존적 바람을 드러낸다. 이 시는 단지 개인의 고통을 읊은 것이 아니다. 그것은 시간, 기억, 상처, 치유라는 보편적인 인간의 문제를 시인의 언어로 풀어낸 하나의 성찰이다. 시는 우리에게 묻는다. 과거는 지나갔는가, 아니면 여전히 현재를 결정짓고 있는가? 그리고 우리는 그 과거를 어떻게 받아들이고, 다시 쓸 수 있을까? 이렇듯 이 시는 과거를 직면하는 일의 고통을 정직하게 그려냄으로써, 어떤 정화와 재구성의 가능성을 열어두고 있다. 그것은 단순히 잊으라는 말이 아니라, 기억을 새롭게 '쓰기' 위한, 그리고 더는 상처에 휘둘리지 않기 위한, 인간적인 몸부림이다. 그러한 인간적인 몸부림과 과거의 상처에 대한 적극적인 정화는 「하지 못한 말」에서 백색의 "눈"이라는 구체적인 이미지로 드러난다.

> 허허벌판에 홀로 서서
> 간절한 기도에 매달릴 때의 그 절박함을
> 하늘과 대지는 알까 모를까
> 커피 한 잔마저 나를 외면하던 날
> 종일토록 비와 진눈깨비가 번갈아 내렸다
> 꼭 해야만 하고 했어야만 했던 그 말 한마디
> 입 밖으로 나가지도 못하고
> 껄끄럽게 헛돌았다
> 잠깐 멈출까, 멈추어도 될 거야
> 목구멍까지 차오른 말을 도로 삼키며
> 침묵으로 대변한다
> 돌아올 말들이 두려워
> 어떠한 위로의 마음도 얻지 못하고
> 애꿎은 책장만 넘기다 현관을 나선다
> 마른 나뭇가지에 앉았던 새가
> 날개를 털고 솟구치는 것을 보며
> 그냥 털어버리기로 한다

조급한 생각과 마음을 버리고

어깨 위의 눈을 털어내며

눈 속을 걷는다

마음이 하얘지는 것을 알겠다

—「하지 못한 말」 전문

  특히 이 시에서는 '꼭 해야 했던 말이 끝내 입 밖으로 나오지 못하는 순간'을 언급하며 독자들의 공감을 이끌어낸다. 누구나 가끔은 아무도 없는 들판에 홀로 서 있는 기분이 들 때가 있다. 도시의 소음과 일상의 무게 속에 분명히 살아가고 있음에도, 마음은 어디론가 멀리 떨어져 마치 다른 세계에 있는 듯하다. 누군가에게 꼭 해야 했던 한마디가 목까지 차오르다가 끝내 말로 이어지지 않고, 그저 속으로 곱씹는 날. 이 시는 바로 그런 날의 정서를 담고 있다. "커피 한 잔마저 나를 외면하던 날"은 일상이 갑자기 낯설고, 익숙한 것들마저 차갑게 느껴질 때의 외로움을 상징한다. 커피는 평소엔 위안이다. 쓰디쓴 향으로 마음을 달래고, 한 모금 머금을 때마다 자신을 돌아보게 하는 조용한 의식 같은 것이다. 그런데 그 커피마저도 위로가 되지 않는 날은 비가 내리고, 진눈깨비가 섞여들고, 온 세상이 나를 밀어내는 것처럼 느껴진다. 그건 실제로 세상이 등을 돌렸기 때문이 아니라, 내 안에 조용히 고인 어떤 감정이 터져 나오지 못했기 때문이다. 사실 우리 모두는 그런 말 하나쯤은 가지고 있다. 해야만 했지만 끝내 하지 못한 말. 고맙다는 말, 미안하다는 말, 혹은 이제는 더 이상 괜찮지 않다는 말. 그 말들이 마음속을 빙빙 돌다가 때로는 목울대를 타고 올라오지만, 입술 앞에서 망설이다가 삼켜진다. 그 침묵은 말보다 더 무겁고, 그 무게는 종종 삶을 뒤덮는 눈처럼 고요하게 쌓인다. 시인은 그런 침묵의 시간을 "껄끄럽게 헛돌았다"는 말로 표현하고 있는데 이것은 실로 정확하다. 하고 싶은 말이 있을 때, 우리는 자주 생각과 말 사이에서 헛도는 기분을 느낀다. 그 말은 입 밖으로 나가지 못한 채, 오히려 우리 자신을 무겁게 만든다. 이 무게는 때때로 인간관계를 어렵게 만들고, 자기 자신을 오해하게도 한다.

하지만 이 시가 아름다운 건, 그 침묵과 무게를 끝내 '털어내는' 장면이 있기 때문이다. "마른 나뭇가지에 앉았던 새가/ 날개를 털고 솟구치는 것을 보며", 시인은 "그냥 털어버리기로 한다"고 결심한다. 이 장면은 감정의 급류에서 잠시 벗어나, 마음을 덜어내는 순간이다. 말하지 못했던 그 많은 것들, 쌓인 후회, 묵은 감정들을 '그냥' 털어내는 일. 그것은 단순하지만 어렵고, 그래서 더 귀한 선택이다. 우리는 때로 너무 많은 생각을 안고 있는데 해야 할 말, 하지 말았어야 할 말, 들었지만 외면한 말들까지 모두 어깨에 얹고 걷는다. 그러다 눈이 내리는 날, 한 번쯤 그 눈을 핑계 삼아 멈춰 서보라고, 눈은 세상을 덮지만 때로는 마음도 덮어준다고 이 시는 말하고 있다.

그렇게 한 걸음씩 눈길을 걷다 보면 시인이 말했듯, 마음이 조금씩 하얘지는 걸 느낄 수도 있다. 그건 무뎌짐이나 망각이 아니라, 조금은 가벼워진 삶의 자세다.

3. 가던 길 돌아서고 싶을 때 다시 걷게 하던 한 줄기 희미한 빛

그렇다면 이러한 과정들을 통해 무뎌짐이나 망각이 아니라, 조금은 가벼워진 삶의 자세를 지니게 되었을 때 새로운 일상의 풍경은 어떠할까? 물론 너무나 당연하게도 '하지 못한 말'을 털어버리는 행위가 목구멍까지 차오른 말을 도로 삼키며 침묵으로 대변하자는 의미는 아닐 것이다. 오히려 그것은 한 북 콘서트 행사장에서 시인이 보여준 태도에 가깝다. 그녀는 "화려한 프로필을 두른 거목들이 등장"하자 서로 "허리를 굽히고 조아리는 말들의 잔치"가 벌어지고 "가방끈을 늘리며 빼곡히 적힌 신상 증명서"(「프로필」)와 '전국 대학들의 뭇 박사들의 소집'으로 변질된 어질어질한 행사장을 빠져나오면서 "나는 세 아이의 엄마입니다"라는 자신만의 프로필로 대응한다. 본질에 충실하지 않은 속된 현실을 마주할 때 침묵과 고립은 해결책이 될 수 없다. 잠깐은 그 현실에서 멀리 갈 수는 있지만 애초에 우리는 누군가의 흔적에서 자유로울 수 없는 존재이기 때문이다. 그러므로 최경순 시인이 시를 쓰는 일은 단순한 표현 행위가 아니다. 그것은 "순간의 작은 만남에 시가 피는 순간"(「동창(東窓)」)으로 시적인 본질이자 "가던 길 돌아서고 싶을 때/다시 걷게 하던 한 줄기 희미한 빛"(「가던 길 돌아서고 싶을 때」)이다. 그녀의 시가 피어나는 순간은 주로 무심코 지나칠 수 있는 목련, 진달래, 제비꽃, 나무 등의 자연과 몽돌, 달그락장 등의 시간의 흔적이 담긴 사소한 사물, 그리고 자녀들(가족)에서 탄생한다. 이 소재들을 통해 "계절의 입춘"과 "삶의 입춘"(「입춘에 들다」)을 읽어내고 소임을 다해 세월 밖으로 밀려가는 것들에 마음을 주며 "우울하고 어두운 모든 것들을 몰아내"(「너의 목소리를 듣는다」)는 아들의 목소리를 자연에서 찾아낸다. 그러면서 "먹었던 독한 마음 게워 내고 또 게워 내"어 "비로소 투명해진" 나를 확인하고 "내 안의 나에게 화해의 악수"(「나와 화해하다」)를 청한다.

아래 인용하는 「환승」과 「마음먹기」에는 이렇듯 투명하게 나와 화해한 새로운 일상의 풍경이 잘 드러나 있다. 그녀는 "돌고 돌아 당도한 그 간이역"에서 "이 아름다운 계절에 기꺼이 탑승"하여 새로운 일상의 환승에 성공한다. 그리하여 마음과 감정이 그 순간에 저장된 것임을 인지하고 "생각나지 않는 곳에는 갈 수 없고 생각나는 곳에는 언젠가는 닿는"다는 깨달음을 자신의 언어로 정리하여 형상화한다.

담장 위 나뭇가지에 올라
작은 새들이 목청을 가다듬고 있다
꽃을 불러내는 중이다
끼룩끼룩 백로 한 마리가 허공을 선회하며
날개를 쫙 펼쳐 봄바람을 탄다
새가 노래하면 꽃이 돋아나고
꽃이 피면 새들의 음계가 한 옥타브 뜨 올라간다

돌고 돌아 당도한 그 간이역
풍경들은 수다스럽고
파릇파릇한 색끝마다 힘이 실리고 있다

지금 그곳에 나는 서 있다
까마득한 그곳으로부터 슬금슬금 일어서는
기억의 비늘 조각들
나에게도 물오르듯 솟구치는 기운이 돌아
이 아름다운 계절에 기꺼이 탑승한다

—「환승」 전문

심호흡 한번 하고 큰마음 하나 돌려먹으니 심신이 가벼워지더라 조금 전의 상황은 그대로인데 생각 좀 바꾸고 마음 하나 고쳐먹었을 뿐인데 뭐든지 할 수 있다는 자신까지 생기더라 부정과 긍정의 한판 뒤집기 그게 그렇게 어려운 일은 아니더라 돌덩이를 얹어놓은 것 같은 무거운 어깨도 마음 하나 내려놓으니 금방 가벼워지더라 한자리에서 새 잎을 틔우고 낙엽을 만들며 늙어가는 나무가 봄바람 첫 손길의 짜릿함을 기억하는 것도 그 순간에 저장된 마음과 감정이더라 생각나지 않는 곳에는 갈 수 없고 생각나는 곳에는 언젠가는 닿는 일이더라

    오늘은 좋은 마음 하나 집어 먹는다
    미운 마음 내보내면 좋은 나만 남을 것 같아서
    좋은 마음만 골라 먹기로 한다
                                  —「마음먹기」전문

먼저 온 미래로서의 과거의 기억들이 스물스물 올라올 때, 그것이 무엇이든 그럼에도 불구하고 최경순 시인은 오늘도 시를 쓸 것이다. 그녀는 마치 습관처럼, 혹은 숨을 쉬듯 자연스럽게 손을 움직이지만, 그 이면에는 결코 단순하지 않은 이유가 있다. 자신 안에 고여 있는 것들, 이름 붙일 수 없는 감정들과 정확히 설명되지 않은 생각들, 뚜렷한 방향을 가지지 못한 채 어딘가에 걸려 있는 상태로 떠도는 감각들. 그것들은 어떤 식으로든 바깥으로 밀려 나가야만 한다. 그렇지 않으면 점점 더 짙고 무겁게 가라앉으며, 끝내 나를 안에서부터 잠식하

고 마는 것이다. 어디론가 흐르지 못하고 고여버린 감정은 썩기 마련이고, 썩는다는 것은 결국 무너진다는 뜻이다. 그런 고임 속에서 삶은 더욱 지리멸렬해지고, 점점 더 무기력해진다. 그 고인 물이 썩는 것을 막기 위해, 그것을 조금이라도 흘려보내기 위해서 시인들은 시를 쓴다. 그렇게 흘려낸 단어들은 비록 완성된 의미를 지니지 못할지라도, 그것이 글의 형식을 갖추게 되면 적어도 무정형의 혼돈에서 벗어나 하나의 '형상'이 된다. 종잡을 수 없이 퍼져 있던 얼룩 같은 감정들이, 문장을 통해 마침내 한자리에 놓인다. 의미가 아니라 '자리'를 갖는다는 것. 그 사실만으로도 시인은 조금 숨을 돌릴 수 있게 된다.

아마도 언어를 다루는 모든 이들은 다음과 같은 바람을 가지고 있을 것이다. 언젠가 삶이라는 단어를 단 한 번도 쓰지 않으면서도, 삶의 본질이나 결에 대해 이야기할 수 있는 글을 쓸 수는 없을까. 그 단어 없이도 삶의 온도와 무게, 결핍과 충만함, 소멸과 지속에 대해 말할 수 있다면, 그것이야말로 진짜 글쓰기일지도 모르겠다고. 그러한 글이 탄생했을 때 누군가는 공감하겠지만, 누군가의 눈에는 지저분하게 넛어놓은 누더기처럼 보일 수도 있을 것이다. 하지만 그것이 비루하고 창피한 것은 아니다. 오히려 그것이야말로 가장 솔직한 나의 기록이며, 단정하거나 다듬어지지 않았기에 진실에 가까운 고백이기도 하다. 그렇게 낡고 서툰 문장을 통해 나는 나 자신을 응시하고, 이해하고, 때로는 받아들일 수 있게 된다. 쓰는 행위는 결국 나를 구원하지는 못하더라도, 최경순 시인이 언급했듯 그 구원의 가능성을 간신히 붙잡고 버티게 해주는 "한 줄기 희미한 빛" 같은 것이다. 그녀는 지금도 여전히, 그리고 앞으로도 계속해서 시를 쓸 것이고 그렇기 때문에 그녀의 언어는 이미 '들리는' 존재로서 존재감을 획득한 듯 보인다.

문학의전당 시인선 392

너의 목소리를 듣는다

ⓒ 최경순

초판 1쇄 인쇄 2025년 8월 11일
초판 1쇄 발행 2025년 8월 18일
          지은이 최경순
          펴낸이 고영
          디자인 헤이존
          펴낸곳 문학의전당
          출판등록 제448-251002012000043호
              주소 충북 단양군 적성면 도곡파랑로 178
              전화 043-421-1977
          전자우편 sbpoem@naver.com

          ISBN 979-11-5896-703-1 03810

*이 책의 판권은 지은이와 문학의전당에 있습니다.
*양측의 서면 동의 없는 무단 전재 및 복제를 금합니다.
*잘못 만들어진 책은 바꿔드립니다.